ポリ袋でかんたん 低温真空調理

若宮寿子

放っておくだけ！
衛生的で栄養を逃さず
おいしく作れる調理法

誠文堂新光社

はじめに

栄養豊かな食事は、健康、美容にとても大切ですが、食事作りに時間をかけられない人が多いのも現実。そこでおすすめなのが低温真空調理です。

炊飯器の保温機能や鍋の余熱で加熱する間、読書やお子さんと遊ぶ時間を得られます。

また、一度に異なる料理を作ることができるので、作りおきにも最適。さらにポリ袋のまま冷蔵・冷凍保存もできて、何より衛生的です。

　基本的にはポリ袋だけで作るので、洗いものが少ないのも嬉しい調理法。来客のときは、できあがり時間を逆算して炊飯機にセットします。お客さまと前菜で乾杯、おしゃべりを楽しんでいる間に、温かな主菜ができてしまうのも魅力です。

　この調理法によって、プラスαの自由な時間と、彩り豊かな食事を楽しんでみませんか。

若宮 寿子

CONTENTS

- 2 はじめに
- 6 本書の使い方
- 92 ポリ袋の冷凍保存術
- 94 主材料別索引

Introduction
低温真空調理の基本

- 9 低温真空調理はポリ袋でかんたんに！
- 10 「低温」×「真空」調理はメリットいっぱい！
- 12 低温真空調理をマスターするための基本の5ステップ
- 14 ポリ袋の上手な空気の抜き方
- 16 道具ごとの温度管理
- 18 ポリ袋 × 低温真空調理 × Q&A

Chapter 1
調理家電にまかせて保温

- 20 炊飯器 or 電気ケトルで保温
- 22 ローストビーフ
- 24 豚肉のすっぱ煮
- 26 鶏ハム
- 28 鶏のコーンクリーム煮
- 29 鶏手羽先のコンフィ
- 30 豚の黒糖角煮
- 31 豚ロースのガーリックマスタードソース煮
- 32 スペアリブのマーマレード煮
- 33 ラム肉の赤ワインソース煮
- 34 牛すね肉の韓国風煮込み
    レバーの甘辛煮
- 36 サバのみそ煮
- 37 鮭のレモン煮
- 38 カジキマグロのバターじょうゆ焼き
- 39 サバと黒オリーブのトマト煮
- 40 キンメダイの煮つけ
- 41 ギンダラのしょうが煮
- 42 さつまいものレモン煮
    ジャーマンポテト
- 44 甘酒

Chapter 2
鍋でじっくり余熱調理

- 46 ひと煮立ちしたらタオルで保温
- 48 ポトフ
- 50 豚肉のオレンジ煮
- 52 カポナータ
- 54 ハッシュドビーフ
- 55 厚揚げのそぼろ煮
- 56 にんじんのグラッセ
  　　かぼちゃのレーズン煮
- 57 きのこのベーコン煮
  　　鶏肉とエリンギのレモン煮
- 60 肉じゃが
- 61 韓国風ブリ大根
- 62 おでん
- 63 牛肉のキムチ煮
- 64 おからとサンマ缶の煮もの
  　　里いもの柚子風味煮
- 65 五目うま煮
  　　切り干し大根の煮もの
- 68 タラのカレー煮
- 69 鶏もも肉とカラフル豆のトマト煮

Chapter 3
温度計を使って湯せん

- 72 44〜65℃にしっかり管理
- 74 エビのポン酢マリネ
- 76 牛ステーキ
- 78 サーモンマリネ
- 79 豚ロースのカレーソテー
- 80 イカの中華煮

Chapter 4
スープジャーのフルーツデザート

- 84 湯を注いだら余熱調理
- 86 いちごのコンポート
- 88 フルーツミックスコンポート
- 90 キウイのコンポート
  　　りんごのハイビスカスティー煮

Column

- 70 Column ❶ タンパク質を上手に摂取する献立
- 81 Column ❷ 好みのかたさを選べる"温たま"
- 82 Column ❸ 災害時にも役立つご飯・おかゆ

本書の使い方

本書では、道具ごとにChapterを分けてレシピを掲載。代表的な料理については、調理法に慣れるように、プロセスを追ってわかりやすく説明しています。メインディッシュからデザートまで、かんたんにおいしく作れる低温真空調理にトライしてください！

1 基本ステップをおさえる

P.8〜18で低温真空調理の基本的な考え方、メリット、基本の作業ステップ、注意点などを紹介しています。まずは、ここをおさえるところからはじめましょう。

2 作りたいメニューを選ぶ

Chapter1では炊飯器と電気ケトル、Chapter2では鍋、Chapter3では鍋と温度計による湯せん、Chapter4ではスープジャーを使ったレシピをそれぞれ紹介しています。目次や索引から作りたいレシピを選んでください。

3 道具、材料を用意する

各Chapterのはじめのページを参考に、必要な道具をそろえましょう。また、低温で調理するため、食材はなるべく新鮮なものを選んでください。

4 できあがり

調理が終わったら、ポリ袋から出し、盛り付けて完成です。すぐに食べない場合は、ポリ袋のまま冷やして保存しましょう。冷凍保存の方法については、P.92〜93で紹介しているので、参考にしてください。

本書のルール
- 大さじ1＝15㎖、小さじ1＝5㎖です。
- 火加減は特に表記がない場合は中火です。
- レシピに記載している所要時間は、材料、室温などにより変化します。
- 食材をゆでる水、塩、炊飯器などに入れて低温加熱するための湯は、基本的に分量外です。
- 少量野菜はg表記で紹介しています。重さの目安は右の表を参考にしてください。
- 各メニューに、冷凍・冷蔵での保存期間の目安を記載しています。一部、冷凍保存に向かないものは冷蔵の場合のみ明記しています。

野菜の重量の目安

かいわれ大根1パック…約80g	たけのこ1個…約200g
かぼちゃ1個…約1,200g	玉ねぎ1個…約200g
キャベツ1枚…約50g	トマト1個…約150g
さつまいも1本…約250g	長ねぎ1本…約100g
里いも1個…約100g	にんじん1本…約200g
大根1本…約1,500g	ブロッコリー1房…約15g

Introduction

低温真空調理の基本

低温真空調理は、下処理した食材と調味料を、
フィルム袋などに入れて真空状態にし、
低温調理機で加熱する調理法です。
本書では、プロが行う低温真空調理を
家庭でもかんたんに実践できるようアレンジ。
基本の考え方や、作業ステップ、道具の使い方を
わかりやすく紹介します。

低温真空調理は ポリ袋でかんたんに！

低温真空調理は、レストランや飲食店などプロが行う本格的なもの。しかし、家庭にあるポリ袋や調理器具でかんたんに行うことができます。まずはその仕組みをチェックしましょう。

低温調理 ＋ **真空調理** ＋ **ポリ袋**

100℃未満の温度で時間をかけて加熱することで、**食材をやわらかく仕上げる。**

下処理した食材と調味料を袋に入れ、空気を抜いて密封することで、熱の伝導率をよくする。**食材のうまみや風味を損なわない。**

耐熱・耐冷性の高いものがあり、**安価で入手できる。**

使用する道具

加熱する
- 炊飯器 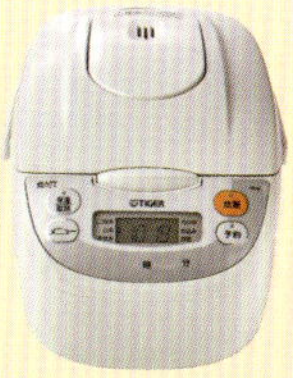
- 土鍋 
- 電気ケトル 
- スープジャー 

土鍋がない場合は一般的な鍋でも可能です

真空にする
- ボウル  
- ポリ袋

「低温」×「真空」調理は

ポリ袋を使った低温真空調理にはメリットがたくさん。毎日の献立作りから、特別な日の腕を振るった料理まで、ぜひお試しください。

やわらかくジューシーに仕上がる

低温加熱することで、肉や魚のタンパク質がかたくなりません。また、真空状態にすることで、食材に均一に火が通り、加熱ムラがなくおいしく仕上がります。

作りおきに最適

低温調理後、すぐに食べない場合は冷やしてポリ袋のまま保存できます。食材を小分けにし、一食分ずつポリ袋に入れて保存しておけば、食べたいときに解凍するだけです。

調味料が少なく済む

ポリ袋の中を真空状態にすることで、食材に味が染み込みやすくなります。少量の調味料で漬けることができ、気になる塩分や油分を少なくできます。

一度に複数の料理を作れる

ポリ袋を使うので、異なる味つけの料理を同じ鍋に入れて作ることもできます。一食分の献立を一度に仕上げるなど、効率よく作業を終わらせることができます。

メリットいっぱい！

放っておくだけでかんたんにできる

食材をポリ袋に入れたら、レシピに記載された時間加温して、盛り付けたら完成です。放っておくだけの加熱方法は各 Chapter の冒頭で紹介しています。

栄養が逃げない

高温加熱すると壊れてしまう栄養素も、低温加熱では壊さず調理することができます。さらに、食材をポリ袋に入れて密閉することで栄養を逃しません。

洗いものが少ない

炊飯器や鍋に入れるのは水とポリ袋だけなので、調理器具は汚れません。炊飯器や鍋を洗わずに別のメニューを作ることができ、作業時間を短縮できます。

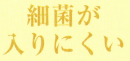

調理時間がわかりやすい

食材をポリ袋に入れたあとは、レシピに記載された時間加熱しながら待つだけなので、料理が完成する時間が明確。ホームパーティなどでは、食事の時間から逆算して準備しましょう。

細菌が入りにくい

食材の入ったポリ袋の空気を抜いて密閉することで、細菌が入りにくくなり、衛生的です。低温でも一定時間加熱し続けることで殺菌できます。

いつかはチャレンジしたい！
＼ 本格的な低温真空調理 ／

真空パック用の道具が必要

ポリ袋ではなく、真空パック器とその機械に合ったパック袋が必要になります。真空パック器の値段は製品によってさまざまですが、手ごろなものでは3,000円弱で入手可能です。

温度管理用の道具が必要

温度を一定に保つ、低温調理機が必要になります。日本で流通しているものの多くが海外製で、6,000円～数万円で取引されています。入手ハードルはやや高めです。

低温真空調理をマスターするための
基本の5ステップ

本書では加熱するために炊飯器や鍋など複数の道具を使いますが、
まずはすべてに共通する基本ステップをおさえましょう。

1 下処理する

食材の食べられない部分を取り除いたり、食べやすい大きさに切ったりして下処理します。肉はフライパンで炒める、野菜は煮るなど、食材によっては加熱するものもあります。

2 ポリ袋で調味する

ポリ袋に食材と調味料を入れて調味します。ポリ袋の上からもみ込んで味を染み込ませるのがおすすめ。魚など形が崩れてしまうものは、ポリ袋に調味料類を入れて混ぜ合わせておいてから、食材を入れましょう。

3 空気を抜く

低温加熱後、すぐに食べない場合は盛り付けずにポリ袋のまま保存できます。冷凍方法については P.92〜93 で詳しく紹介しています

水をはったボウルにポリ袋を沈めて空気を抜き、口を閉じます。詳しい手順は P.14 で紹介しています。

4 低温加熱する

炊飯器、鍋、スープジャーなどレシピに記載された道具を使って低温加熱します。詳細は各 Chapter の冒頭で説明しています。

5 盛り付けて完成

ポリ袋から食材を取り出し、盛り付けます。ポリ袋が熱くなっているため、ふきんや鍋つかみを使いましょう。また、汁にはうまみが凝縮しているので、食材を盛り付けたあとにかけるのがおすすめ。

ワンポイント
ボウルにポリ袋をかぶせる

ポリ袋に食材と調味料を入れるとき、ボウルなどにポリ袋をかぶせるのがおすすめ。こぼれる心配がなく、スプーンなどを使って調味料をまぜる作業がしやすくなります。ボウル自体は汚れないので、洗いものも増えません。

ポリ袋の上手な空気の抜き方

ポリ袋に食材を入れたあと、しっかりと空気を抜くことで味が染み込みやすく、ムラなく火が通ります。コツをつかむとかんたんなので、しっかりマスターしましょう。

1 水圧で空気を抜く

水をはったボウルに、食材と調味料を入れたポリ袋を沈めます。このとき、ポリ袋の口をボウルのふちにひっかけておいて、ポリ袋の中に水が入り込まないよう注意しましょう。水圧によって自然に空気が抜けます。

2 ポリ袋の口をねじる

なるべく空気が入らないように、ポリ袋を手で押さえながら水から取り出します。写真の○部分に空気が残りやすいので、食材側をしっかりと持ち、なるべく強めに口の部分をねじります。

3 ポリ袋の口を結ぶ

ねじった部分を結びます。どのような結び方でもよいですが、写真のようにねじった部分で輪を作り、くぐらせて結ぶと開けるときに切る必要がなく、便利です。

ワンポイント
ストローで空気を吸う

水をはったボウルに沈める他にも、ストローを使って空気を吸い出す方法もあります。空気を抜く際は、食材や調味料を吸い込まないよう、ゆっくり息を吸ってください。生の肉や魚介類を入れたものは、上記のように水圧で空気を抜いた方がよいでしょう。写真の肉は、炒めているのでストローも使えます。

ポリ袋の選び方

- 製品の表記を確認し、必ず耐熱のものを選びましょう。
  本書では湯せんに使用可能なポリ袋を使用しています。
- 冷凍保存する場合は耐冷のものを使用してください。
- チャック付きのものが保存に便利です。

道具ごとの温度管理

本書では、炊飯器・鍋・電気ケトル・温度計・スープジャーの5つの道具を使って低温加熱しています。それぞれの温度管理の方法をおさえましょう。

炊飯器は保温ボタンを押すだけ

炊飯器は、製造元によって保温設定にした際の温度が異なりますが、一般的に約60〜74℃に設定されています。複数の保温設定がある製品の場合は、取扱説明書などでそれぞれの温度を確認してください。本書では70℃を基準に、保温設定にするだけで作れるレシピを紹介しています。

電気ケトルは、食材をゆでるなどの調理が可能で、温度調整機能があるものを選びましょう。湯を沸かす用途以外の使用を避けるよう記載されている製品の場合は、ポリ袋を入れて加熱調理することは避けてください。また、温度設定の方法は製品によって異なります。写真のように調節つまみがある場合は、レシピに記載された温度に合わせて電源を入れるだけでOKです。

電気ケトルは温度調整つまみを回す

鍋はタオルで包む

鍋は、ポリ袋と水を入れて沸騰させたあと、火を止めて余熱調理します。おすすめは保温力の高い土鍋で、厚手のタオルで包むだけでOKです。もし、土鍋がない場合は、一般的な鍋を新聞紙で包んだ上に、厚手のタオルで二重に包むと、保温力を補うことができます。

湯せんは温度計で計る

湯せんは温度計で温度を計り、熱湯や氷を入れて調節します。使用する温度計は一般的な調理用のものでかまいません。設定と異なる温度になると知らせるアラーム機能があるものを選ぶと、温度管理がしやすくおすすめです。

スープジャーは湯を入れて温めておく

スープジャーは、調理の前にあらかじめ熱湯を入れてふたを閉め、温めておきます。食材の下処理をすませたら、入れておいた湯は冷めているので捨てて、食材を入れたポリ袋と、レシピに記載された温度の湯を入れます。あとはふたをして待つだけ。

安全においしく調理するための注意点

- 鍋を火にかけるとき、高温になる鍋のふちなどにポリ袋が直接当たらないよう気をつけましょう。また、炊飯器のふたを閉めて保温する際に、ポリ袋がはさまれないように注意してください。
- レシピに記載された低温調理の時間を超えて放置することは避けてください。特に鍋やスープジャーなど余熱で調理するものは、温度が下がりすぎると細菌が発生しやすくなります。すぐに食べない場合は冷やしましょう。
- レシピに記載された温度未満での調理は避け、加熱する時間を守って調理してください。本書では、厚生労働省が提唱している非加熱食品のガイドラインに則り、食材によって必要な加熱温度に合わせた加熱方法を記載しています。

ポリ袋 × 低温真空調理 × Q & A

Q1 ポリ袋の中は完璧に真空状態にしないとダメ？

A 多少の空気が残っても大丈夫です。ただし、たくさん残ってしまうと熱がまんべんなく伝わらず、加熱ムラができてしまうので注意しましょう。残った空気が500円玉よりも大きい場合は、もう一度空気を抜き直すことをおすすめします。

Q2 低温真空調理に向いている食材は？

A 肉や魚介はしっとりジューシーに仕上がり、全般的に向いています。野菜は歯ごたえを楽しみたいもの、煮崩れが気になるものが特におすすめ。

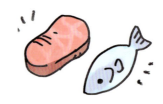

Q3 低温調理だけでなく、「炒める」「煮る」ことも必要なのはどうして？

A 基本的には低温調理だけでもできますが、よりおいしく仕上げるためにひと手間加えることをおすすめします。例えば、こんがりと仕上げたい肉などは低温調理の前後いずれかで炒めると、香ばしさが出ておいしく仕上がります。かたい食物繊維で形成された野菜などは一度沸騰させて煮ることで、繊維が壊れてやわらかくなります。

Q4 使ったポリ袋は再利用していいの？

A 食品衛生上、一度使用したポリ袋は調理には使用しない方が安全です。特に肉や魚などの食材を入れたものは細菌が付着している可能性があるので、生ごみ用のごみ袋として活用するのがおすすめ。処分する際は各自治体の処分方法に従って処理してください。

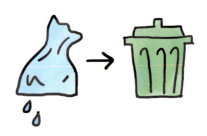

Chapter 1
調理家電にまかせて保温

炊飯器と電気ケトルで作るメニュー。
食材がしっとりとジューシーに
しかも、ふっくらとやわらかく仕上がります。
うまみが凝縮されて絶品に。

炊飯器or電気ケトルで保温

Chapter1ではメインに炊飯器を、サブで電気ケトルを使用したレシピを紹介。どちらも温度管理がかんたんな点が魅力なので、基本をおさえてさまざまなメニューに挑戦してみてください。

炊飯器を使った調理の基本 4 ステップ

1 食材と調味料をポリ袋に入れる

まずは食材を切る、下味をつけるなどして下処理します。調味料は事前に混ぜ合わせておいてもよいですが、そのままポリ袋に入れてもOKです。食材を入れ、空気を抜いてポリ袋の口を閉じてください。

2 湯とポリ袋を炊飯器に入れる

鍋などで湯を沸かし、レシピに記載された温度になるまで冷まします。ポリ袋が完全に沈む量の湯を炊飯器に入れ、湯の温度が70℃であることを確認します。低い場合は熱湯を入れて調節します。

3 炊飯器を保温設定にする

基本的には炊飯器の保温ボタンを押すだけでOKです。複数の保温設定が選べる製品の場合は、取扱説明書で温度を確認し、レシピに記載された温度に近いものを選んで設定してください。

4 保温する

必ずレシピに記載された時間、保温設定のままにしてください。時間が短いと加熱不足となり、十分に殺菌できません。また、時間が長いと加熱しすぎて食材がかたくなります。

電気ケトルを使った調理の基本 4 ステップ

1 食材と調味料をポリ袋に入れる

炊飯器のステップ1と同様に、下処理した食材と調味料をポリ袋に入れて空気を抜き、口を閉じます。

2 水とポリ袋を電気ケトルに入れる

電気ケトルにポリ袋と、ポリ袋が完全に沈む量の水を入れます。電気ケトルは加熱速度が速いので水から入れてOKです。

3 温度調節する

電気ケトルの温度を、レシピに記載された温度に合わせます。温度調節の仕方は製品ごとに異なるため、取扱説明書を確認してください。

4 保温する

炊飯器同様、待つ時間はレシピの記載に従ってください。特に電気ケトルは比較的高い温度での調理になるため、加熱しすぎに注意してください。

ワンポイント

炊飯器のふたを開けたままにする方法も

レシピによっては炊飯器の保温設定よりも低い温度で調理するものがあります。その場合は、保温設定にしてふたを開けたまま放置することで、温度の上がりすぎを防ぐことができます。もし温度が下がりすぎる場合は、ふたを開けた部分全体をおおうようにふきんなどをかけてください。

ローストビーフ

牛肉はじっくりと火を通すので、しっとりジューシーに。
バルサミコ酢のソースと牛肉が相性ぴったりです。

・エネルギー:418kcal　・食塩相当量:2.0g

材料 2人分

- 牛ももかたまり肉 ………… 300g
- 塩 ………………………… 少々
- サラダ油 ………………… 小さじ2
- A
  - バルサミコ酢 ……… 大さじ2
  - しょうゆ …………… 大さじ1
  - はちみつ …………… 小さじ1
- 粒マスタード …………… 適量
- クレソン ………………… 適量

低温調理 70℃ 30分
保存期間 冷凍1か月 冷蔵1〜3日

※冷蔵での保存期間は、かたまり肉なら3日、スライスしたあとなら1日です。

作り方

1 牛肉は塩をふって30分おく。

2 炊飯器に70℃の湯を入れ、保温設定にしてふたを閉じる。

3 フライパンにサラダ油を強火で熱し、**1**の表、裏、側面すべてに焼き色をつける。

4 **3**をポリ袋に入れる。ポリ袋の空気を抜いて口を閉じる。

5 **2**の炊飯器に**4**を入れて30分保温する。

6 ポリ袋を取り出して氷水で10分冷やす。牛肉を袋から出して切り分け、器に盛る。**A**を混ぜて作ったソースと粒マスタードを添え、クレソンを飾る。

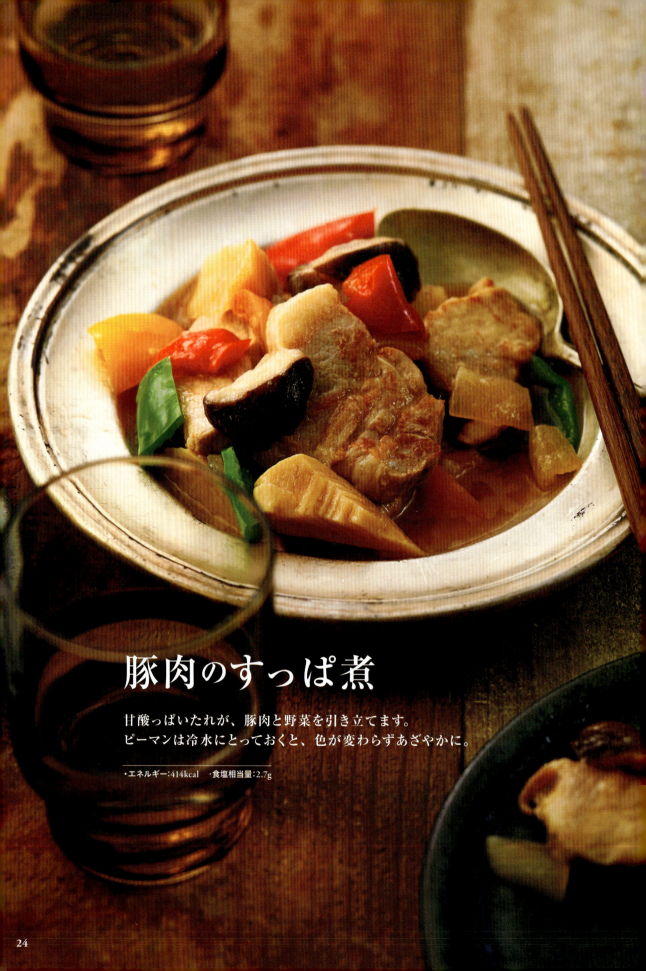

豚肉のすっぱ煮

甘酸っぱいたれが、豚肉と野菜を引き立てます。
ピーマンは冷水にとっておくと、色が変わらずあざやかに。

・エネルギー:414kcal ・食塩相当量:2.7g

材料 2人分

- 豚ロース肉…………………2枚
- A｜しょうゆ……………小さじ1
  ｜酒………………………小さじ1
- 小麦粉………………………適量
- しいたけ……………………2枚
- 玉ねぎ………………………1/2個
- パプリカ（赤、黄）………各1/4個
- ピーマン……………………1個
- ゆでたけのこ………………50g

- サラダ油……………小さじ2
- B｜砂糖………………大さじ2
  ｜しょうゆ……………大さじ1
  ｜ケチャップ…………大さじ1
  ｜酢……………………大さじ1
  ｜水……………………50mℓ
  ｜鶏ガラスープの素……小さじ1

低温調理 **70℃/40分**　保存期間 **冷蔵4日**

作り方

1 豚肉はフォークで数か所刺し、4〜5等分に切って**A**で下味をつけ、小麦粉をまぶす。

2 しいたけは石付きを取り、そぎ切りにする。玉ねぎは2cm角、パプリカ、ピーマン、たけのこは乱切りにする。すべてをポリ袋に入れて電子レンジで4分加熱する。

3 フライパンにサラダ油を熱し、**1**を強めの中火で炒めて軽く焼き目をつける。

4 **2**のポリ袋からピーマンを取り出し冷水にとっておく。**2**の残りの具材に**3**を加える。

5 **4**のポリ袋に**B**を入れてもみ込んで味つけする。ポリ袋の空気を抜いて口を閉じる。

6 炊飯器に**5**と70℃の湯を入れて40分保温する。具材を袋から出して**4**のピーマンとともに器に盛り、汁をかける。

鶏ハム

あっさりとした味つけが、鶏肉本来のうまみを楽しませてくれる一品。
フライパンを使わずに調理できることも嬉しいポイントです。

・エネルギー:138kcal ・食塩相当量:3.1g

材料 2人分

鶏むね肉	1枚
砂糖	小さじ1
塩	小さじ1
白こしょう	少々
ベビーリーフ	30g
ポワブルロゼ	少々

低温調理 70℃ 60分

保存期間 冷凍1か月 冷蔵4日

作り方

1 鶏肉は皮を取り除き、厚い部分に包丁を入れて観音開きにする。

2 1をフォークで数か所刺す。

3 2に砂糖、塩、白こしょうをすり込んで味つけする。

4 ラップに3をのせ、手前からきつく巻いて両端を絞り、結ぶ。

5 4をポリ袋に入れて空気を抜き、口を閉じる。

6 炊飯器に5と70℃の湯を入れて60分保温する。鶏肉を袋から出して切り分け、器に盛る。ベビーリーフとポワブルロゼを添えて飾りつける。

Chapter1. 調理家電にまかせて保温

鶏のコーンクリーム煮

鶏肉を一口かむと、コーンクリームソースの味わいが口いっぱいに広がります。

・エネルギー：301kcal　・食塩相当量：1.8g

 低温調理 70℃ 40分
 保存期間 冷凍1か月 冷蔵4日

材料 2人分

- 鶏むね肉（から揚げ大）……6個（200g）
- 塩……小さじ1/4
- こしょう……少々
- 玉ねぎ……150g
- 小麦粉……大さじ1
- サラダ油……小さじ2
- A
  - 牛乳……50mℓ
  - 白ワイン……大さじ2
  - クリームコーン……50g
  - コンソメ（顆粒）……小さじ1
  - 粉チーズ……大さじ1
- ブロッコリー……50g

作り方

1 鶏肉はフォークで数か所刺して塩、こしょうで下味をつけておく。

2 玉ねぎは粗いみじん切りにしてポリ袋に入れ、電子レンジ（600W）で3分加熱する。

3 1に小麦粉をまぶす。フライパンにサラダ油を熱して強火で両面を焼き、2のポリ袋に入れる。

4 3のフライパンでAをひと煮立ちさせたら火を止め、3のポリ袋に入れる。ポリ袋の空気を抜いて口を閉める。

5 炊飯器に4と70℃の湯を入れ、40分保温する。

6 具材を袋から出して器に盛り、汁をかける。ゆでたブロッコリーを添える。

鶏肉はオリーブオイルで焼くことで、香ばしく仕上がります。

・エネルギー：376kcal　・食塩相当量：0.7g

低温調理 70℃ 50分

保存期間 冷凍1か月 冷蔵4日

材料 2人分

鶏手羽肉	6本
塩	1g
オリーブオイル	小さじ1
A オリーブオイル	大さじ3
にんにく（スライス）	小1片分
タイム	適量
粒黒こしょう	少々

作り方

1　鶏肉はフォークで数か所刺し、塩をもみ込んで20分おく。

2　フライパンにオリーブオイルを熱し、**1**を強火で炒めて両面に焼き色をつける。

3　ポリ袋に**2**の鶏肉と**A**を入れ、軽くもんでオリーブオイルをなじませる。ポリ袋の空気を抜いて口を閉める。

4　炊飯器に**3**と70℃の湯を入れて50分保温する。

5　具材を袋から出して器に盛り、汁をかける。

鶏手羽先のコンフィ

豚の黒糖角煮

低温調理 **70℃ 3時間** / 保存期間 冷凍**1か月** 冷蔵**5日**

3時間火を通した豚肉が、口の中でとろけて何度でも食べたくなります。

・エネルギー：765kcal　・食塩相当量：2.8g

材料 2人分

豚ばら肉（ブロック）… 350g

A
- 黒砂糖 …………… 大さじ3
- 酒 ………………… 大さじ1
- しょうゆ ………… 大さじ2
- だし汁 …………… 50㎖
- しょうが（スライス）……… 6枚

作り方

1 豚肉は食べやすい大きさに切る。

2 ポリ袋にAと1を入れ、もみ込んで味つけする。ポリ袋の空気を抜いて口を閉じる。

3 炊飯器に2と70℃の湯を入れて3時間保温する。

4 ポリ袋を取り出し、袋のまま氷水で20分冷やす。脂が浮いて、肉と分離するため、袋の下を切って肉だけを押し出す (ⓐ)。

5 4を電子レンジ（600W）で2分加熱し、汁をかける。

はじめは袋の下を小さく切り、肉を押し出せるか試してください。

豚ロースの ガーリックマスタードソース煮

マスタードの辛みと酸味がきいた一皿。香ばしいにんにくが食欲をそそります。

・エネルギー：321kcal　・食塩相当量：2.2g

低温調理 70℃ / 40分

保存期間 冷凍1か月 / 冷蔵4日

材料 2人分

- 豚ロース肉 …… 200g
- 塩、こしょう …… 各少々
- 片栗粉 …… 大さじ1
- オリーブオイル …… 小さじ1
- にんにく（スライス） …… 小1片分
- A
  - 粒マスタード …… 小さじ1
  - みりん …… 小さじ1
  - しょうゆ …… 小さじ2
  - コンソメ（顆粒） …… 小さじ1
  - 熱湯 …… 50mℓ
- パセリ（みじん切り） …… 少々

作り方

1. 豚肉はフォークで数か所刺し、1.5cm幅に切る。塩、こしょうで下味をつけ、片栗粉を薄くまぶす。
2. フライパンにオリーブオイル、にんにくを熱し、にんにくがきつね色になったら取り出す。1を加えて両面を焼く。
3. ポリ袋にAを入れて混ぜ、2の豚肉とにんにくを加える。ポリ袋の空気を抜いて口を閉じる。
4. 炊飯器に3と70℃の湯を入れ、40分保温する。
5. 具材を袋から出して器に盛り、汁をかける。パセリを散らす。

Chapter1. 調理家電にまかせて保温

スペアリブの
マーマレード煮

肉厚なスペアリブは食べごたえ抜群。マーマレードがアクセントに。

・エネルギー：646kcal　・食塩相当量：4.0g

低温調理 **70℃ 4時間**

保存期間 冷凍1か月　冷蔵5日

材料 2人分

- サラダ油 …………… 小さじ2
- にんにく（スライス）… 小1片分
- 豚スペアリブ ……………… 6本
- A
  - マーマレード ………… 80g
  - しょうゆ …………… 大さじ3
  - 白ワイン …………… 大さじ2

作り方

1. フライパンにサラダ油とにんにくを熱し、香りがたったらにんにくを取り出す。豚肉を入れ、強火で全体に焼き目をつけたら取り出す。
2. ポリ袋に **A** を入れて混ぜ、**1** の豚肉を加える。ポリ袋の空気を抜いて口を閉じる。
3. 炊飯器に **2** と70℃の湯を入れて4時間保温する。
4. 具材を袋から出して器に盛り、汁をかける。

ラム肉の赤ワインソース煮

濃厚な赤ワインソースが、ラム肉のくさみを消してコクを与えます。

・エネルギー：465kcal　・食塩相当量：2.4g

低温調理 70℃ 4時間

保存期間 冷凍1か月 冷蔵4日

材料　2人分

ラム骨付きロース肉	4本
ハーブソルト、こしょう	各少々
オリーブオイル	小さじ2
A 赤ワイン	大さじ2
ケチャップ	小さじ4
バルサミコ酢	小さじ2
しょうゆ	小さじ2
砂糖	小さじ2
コンソメ（顆粒）	小さじ1
クレソン	適量

作り方

1. ラム肉はフォークで数か所刺し、ハーブソルト、こしょうで下味をつける。
2. フライパンにオリーブオイルを熱し、**1**の両面を強火で焼いたら火を止め、バットに移して粗熱をとる。
3. ポリ袋に**A**を入れて混ぜ、**2**のラム肉を加える。ポリ袋の空気を抜いて口を閉じる。
4. 炊飯器に**3**と70℃の湯を入れて4時間保温する。
5. ラム肉を袋から出して器に盛り、汁をかけ、クレソンを添える。

牛すね肉の韓国風煮込み

レバーの甘辛煮

牛すね肉の韓国風煮込み

コチュジャンの辛みがきいた、アジアンなおつまみです。ビールのお供に。

・エネルギー：236kcal　・食塩相当量：2.7g

低温調理 **70℃ / 3時間**

保存期間 冷凍**1**か月 / 冷蔵**4**日

材料 2人分

牛すね肉	200g
小麦粉	適量
ごま油	小さじ2
A　コチュジャン	大さじ1
砂糖	大さじ1
しょうゆ	大さじ1
しょうが（みじん切り）	大さじ1
にんにく（みじん切り）	小1片分
水	50mℓ
香菜	適量

作り方

1 牛肉はフォークで数か所刺して食べやすい大きさに切り、小麦粉をまぶす。

2 フライパンにごま油を熱して**1**を入れ、強火で炒めて焼き目をつける。

3 ポリ袋に**A**を入れて混ぜ、**2**を加える。ポリ袋の空気を抜いて口を閉じる。

4 炊飯器に**3**と70℃の湯を入れて3時間保温する。

5 具材を袋から出して器に盛り、汁をかける。香菜を添える。

レバーの甘辛煮

甘辛いたれがレバーとぴったり。サンチュで巻いて食べるのもおすすめです。

・エネルギー：159kcal　・食塩相当量：1.2g

低温調理 **70℃ / 40分**

保存期間 冷凍**1**か月 / 冷蔵**3**日

材料 2人分

鶏レバー	150g
片栗粉	大さじ1
サラダ油	小さじ2
A　砂糖	大さじ1
酢	大さじ1
しょうゆ	小さじ2
豆板醤	小さじ1/3

作り方

1 レバーは7mm厚さに切り、全体的に片栗粉をまぶす。

2 フライパンにサラダ油を熱し、**1**の両面を強火でさっと焼く。

3 ポリ袋に**A**を入れて混ぜ、**2**を加える。ポリ袋の空気を抜いて口を閉じる。

4 炊飯器に**3**と70℃の湯を入れて40分保温する。

5 レバーを袋から出して器に盛り、汁をかける。

サバのみそ煮

低温調理することで、サバにみそだれがしっかり染みて絶品に。

・エネルギー:229kcal　・食塩相当量:1.8g

 低温調理 70℃/40分
 保存期間 冷凍1か月/冷蔵4日

材料 2人分

サバ	2切れ
A みりん	大さじ1
酒	大さじ1
しょうゆ	小さじ1
みそ	大さじ1
砂糖	小さじ1
しょうが(薄切り)	小1片分

作り方

1. ポリ袋にAを入れて混ぜ、サバを加える。ポリ袋の空気を抜いて口を閉じる。
2. 炊飯器に1と70℃の湯を入れて40分保温する。
3. サバを取り出して器に盛り、汁をかける。

鮭とレモンが色あざやかな一皿。ほんのりと白ワインが香ります。

・エネルギー：195kcal　・食塩相当量：0.8g

低温調理 **70℃ 40分**

保存期間 冷凍**1**か月 冷蔵**4**日

材料 2人分

鮭	2切れ
塩、こしょう	各少々
A オリーブオイル	小さじ1
レモン（輪切り）	4枚
白ワイン	大さじ2
バター	8g
ブロッコリースプラウト	適量

作り方

1. 鮭は塩、こしょうをふって下味をつける。
2. ポリ袋にAを入れて液体を混ぜ合わせ、1を加える。ポリ袋の空気を抜いて口を閉じる。
3. 炊飯器に2と70℃の湯を入れ、ふたを開けたまま40分保温する。
4. 具材を袋から出して器に盛り、汁をかける。ブロッコリースプラウトを添える。

鮭のレモン煮

カジキマグロの
バターじょうゆ焼き

バターじょうゆが、肉厚なカジキのうまみを引き立たせた一皿。

・エネルギー:264kcal　・食塩相当量:1.7g

低温調理 70℃ / 40分　保存期間 冷凍1か月 / 冷蔵4日

材料 2人分

カジキマグロ	2切れ
塩、こしょう	各少々
小麦粉	大さじ1
サラダ油	小さじ2
A ┌ バター	10g
├ しょうゆ	小さじ2
└ 白ワイン	大さじ1
ブロッコリー	60g

作り方

1　カジキマグロは塩、こしょうをふって下味をつけ、小麦粉をまぶす。

2　フライパンにサラダ油を熱し、強火で**1**の両面を焼く。

3　ポリ袋に**A**を入れて液体を混ぜ合わせ、**2**を入れる。ポリ袋の空気を抜いて口を閉じる。

4　炊飯器に**3**と70℃の湯を入れて40分保温する。

5　カジマグロを袋から出して器に盛り、汁をかける。ゆでたブロッコリーを添える。

サバと黒オリーブのトマト煮

トマトとオリーブで、サバを洋風に仕上げました。パンを添えても。

・エネルギー:213kcal ・食塩相当量:2.8g

低温調理 **70℃ / 40分**

保存期間 冷凍**1か月** 冷蔵**4日**

材料 2人分

サバ	2切れ
塩、こしょう	各少々
A トマト缶	120g
コンソメ（顆粒）	小さじ1
砂糖	小さじ1
ウスターソース	大さじ1
塩、こしょう	各少々
にんにく（みじん切り）	小1片分
オリーブ（黒・種ぬきスライス）	2個分
イタリアンパセリ	適量

作り方

1. サバは塩、こしょうで下味をつけておく。
2. ポリ袋にAを入れて混ぜ、1を加える。ポリ袋の空気を抜いて口を閉じる。
3. 炊飯器に2と70℃の湯を入れ、ふたを開けたまま40分保温する。
4. 具材を袋から出して器に盛り、汁をかける。イタリアンパセリを添える。

Chapter1. 調理家電にまかせて保温

キンメダイの身がふっくらとした煮つけ。
長ねぎはレンジ加熱でやわらかく。

・エネルギー：178kcal　・食塩相当量：2.7g

低温調理 **70℃ 40分**
保存期間 冷凍**1**か月 冷蔵**4**日

材料 2人分

キンメダイ	2切れ
長ねぎ	20cm
A 砂糖	大さじ1
酒	大さじ2
しょうゆ	大さじ2

作り方

1 ポリ袋に**A**を入れて混ぜ、キンメダイを加える。

2 長ねぎは5cm長さに切り、電子レンジ（600W）で2分加熱して**1**に加える。ポリ袋の空気を抜いて口を閉じる。

3 炊飯器に**2**と70℃の湯を入れて40分保温する。

4 具材を袋から出して器に盛り、汁をかける。

キンメダイの煮つけ

魚としょうがをともに保温することで、
しょうがの風味豊かな煮魚に。

・エネルギー:234kcal　・食塩相当量:2.8g

低温調理 70℃ / 40分

保存期間 冷凍1か月 / 冷蔵4日

材料 2人分

- ギンダラ　……………… 2切れ
- A
  - 砂糖　………………… 大さじ1
  - 酒　…………………… 大さじ2
  - しょうゆ　…………… 大さじ2
  - しょうが（細切り）
    ………………… 小1片分

作り方

1. ポリ袋にAを入れて混ぜ合わせ、ギンダラを加える。ポリ袋の空気を抜いて口を閉じる。
2. 炊飯器に1と70℃の湯を入れて40分保温する。
3. ギンダラを袋から出して器に盛り、汁をかける。

ギンダラのしょうが煮

さつまいものレモン煮　　　ジャーマンポテト

さつまいものレモン煮

さつまいもはしっとりやわらかく仕上がります。レモンでさわやかに。

・エネルギー：177kcal　・食塩相当量：0.1g

材料 2人分

さつまいも	200g
レモン（スライス）	2枚
A　砂糖	大さじ2
水	50mℓ

作り方

1 さつまいもは1cm厚さに、レモン（スライス）は半分に切る。

2 ポリ袋にAを入れて混ぜ、1を加える。ポリ袋の空気を抜いて口を閉じる。

3 2と水を90℃にセットした電気ケトルに入れ、50分保温する。

4 具材を袋から出して器に盛る。

ジャーマンポテト

じゃがいもは小さめに切ると、ほくほくしておいしくなります。

・エネルギー：148kcal　・食塩相当量：0.5g

材料 2人分

じゃがいも	1個
玉ねぎ	1/4個
ベーコン	1枚
オリーブオイル	小さじ1
パセリ（みじん切り）	適量

作り方

1 じゃがいもは皮をむき、5mm厚さのいちょう切りにする。玉ねぎは繊維に沿って薄く切る。

2 ベーコンは1cm幅に切る。

3 フライパンにオリーブオイルを熱し、ベーコンを炒め、さらに1の玉ねぎを加えて炒めあわせる。

4 ポリ袋に3と1のじゃがいもを入れ、空気を抜いて口を閉じる。

5 4と水を90℃にセットした電気ケトルに入れ、50分保温する。

6 具材を袋から出して器に盛り、パセリを散らす。

甘酒

身体によい甘酒を、家庭でも手軽に。温度管理が重要です。

低温調理 55℃ 5〜7時間
保存期間 冷凍1か月 冷蔵6日

・エネルギー:286kcal　・食塩相当量:0.0g

材料 2人分

米麹	100g
ご飯	100g
水	300ml

作り方

1. ポリ袋に米麹、ご飯、水を入れる。ポリ袋の空気を抜いて口を閉じる。
2. 炊飯器に1と55℃の湯を入れ、ふたを開けたまま保温設定にして5時間おく。
3. 袋から出して器に盛る。

※甘酒は、5時間保温すれば完成しますが、7時間くらいまでは保温し続けても発酵時間に問題ありません。寝る前に保温しておけば、翌朝にはできあがります。

甘酒は55〜60℃で低温調理します。炊飯器のふたを閉めると温度が高くなりすぎるため、作り方2のようにふたを開けたままにしましょう。温度が下がってしまう場合はふきんなどをかけます。

Chapter 2
鍋でじっくり余熱調理

本来の低温真空調理と異なり、
鍋で煮たあとの余熱を利用して作るメニューです。
野菜がやわらかく仕上がります。
いつもの献立にもう一品いかが？

ひと煮立ちしたらタオルで保温

Chapter2では、本来の低温真空調理と異なり、鍋を使って煮るレシピを紹介。高温加熱することでかたい食材をやわらかくします。保温力の高い土鍋を使うのがおすすめですが、ひと工夫すれば一般的な鍋でもできます。

土鍋を使った調理の基本 5 ステップ

1

食材と調味料をポリ袋に入れる

まずは食材を切る、下味をつけるなどして下処理します。調味料は事前に混ぜ合わせておいてもよいですが、そのままポリ袋に入れてもOKです。食材を入れ、空気を抜いてポリ袋の口を閉じてください。

2

水とポリ袋を土鍋に入れる

ポリ袋が完全に沈む量の水に浸します。火をつける前に、ポリ袋が鍋のふちなどに接していないことを確認してください。接していると高温になってポリ袋が破損するおそれがあります。鍋の底につく場合は、薄い皿を敷いてからポリ袋を入れましょう。

3

火にかけて沸騰させる

野菜は、高温で調理してやわらかくする必要があるため、一度沸騰させます。火にかけている間、ポリ袋が鍋に接しないようにするため、ふたをせずに加熱してください。

ふたをしない！

4

煮たら火を止めてふたをする

レシピに記載された時間煮たら火を止め、少し待ってからふたをします。ふたをする際はポリ袋をはさまないよう注意してください。ふたをしたあとは、鍋をコンロから移動させます。鍋が熱くなっているので、やけどしないよう鍋つかみなどを準備しましょう。

5

余熱調理する

保温性を高めるため、土鍋ごと厚手のタオルで包み、レシピに記載された時間待ちます。タオルはバスタオルなど大きめのものを使いましょう。

> **テープメモで時間管理**
>
> 鍋を包んだタオルに出来上がり時間をメモしたテープなどを貼っておくと、時間のおきすぎを防止できます。鍋での余熱調理は温度が徐々に下がり、細菌が増えやすくなるので、レシピに記載された時間を超えて放置することは避けてください。

一般的な鍋の場合

新聞紙＋タオルで保温

土鍋ではない鉄やアルミなどの鍋を使用する場合は、保温する際に新聞紙で包んでから、さらにタオルで包みましょう。新聞紙をプラスすることで保温性を高めることができます。他の手順は土鍋と同様です。余熱調理する時間はレシピに従ってください。

> **ワンポイント**
>
> ### 根菜類は高温加熱する
>
>
>
> 野菜や果物に含まれる食物繊維は、加熱することでやわらかくなります。100℃未満で加熱する低温調理で重要なのは、80℃以上で分解されるペクチンと、90℃以上で分解されるセルロース。セルロースは根菜類に多く含まれており、90℃以上の加熱が必要になります。このため、本書では一度沸騰させています。

ポトフ

たくさんの野菜がごろごろ入った身体にうれしいポトフ。
野菜は一度煮ることでやわらかく、味が染みやすくなります。

・エネルギー：178kcal　・食塩相当量：2.5g

材料 2人分

- ウィンナーソーセージ……4本
- キャベツ……1/4個
- セロリ……1/4個
- 玉ねぎ……1/2個
- パプリカ（赤、黄）……各1/4個

A
- 水……100mℓ
- ローリエ……1枚
- コンソメ（顆粒）……小さじ1/3
- 塩……小さじ1/2
- こしょう……少々

パセリ……適量

低温調理 **2**時間 / 保存期間 冷蔵**4**日

作り方

1 ウィンナーソーセージは斜め切りでそれぞれ半分に切る。

2 キャベツは芯をつけたまま縦半分に切る。セロリは筋をとって3cm長さに切る。玉ねぎは1cm厚さのくし形切り、パプリカは乱切りにする。

3 ポリ袋に**1**と**2**を入れる。

4 **3**に**A**を加えて軽く混ぜ、空気を抜いて口を閉じる。

5 土鍋に**4**と水を入れて沸かし、5分煮たら火を止める。

6 ふたをしてタオルで包み、2時間保温する。具材を袋から出して器に盛り、パセリを散らす。

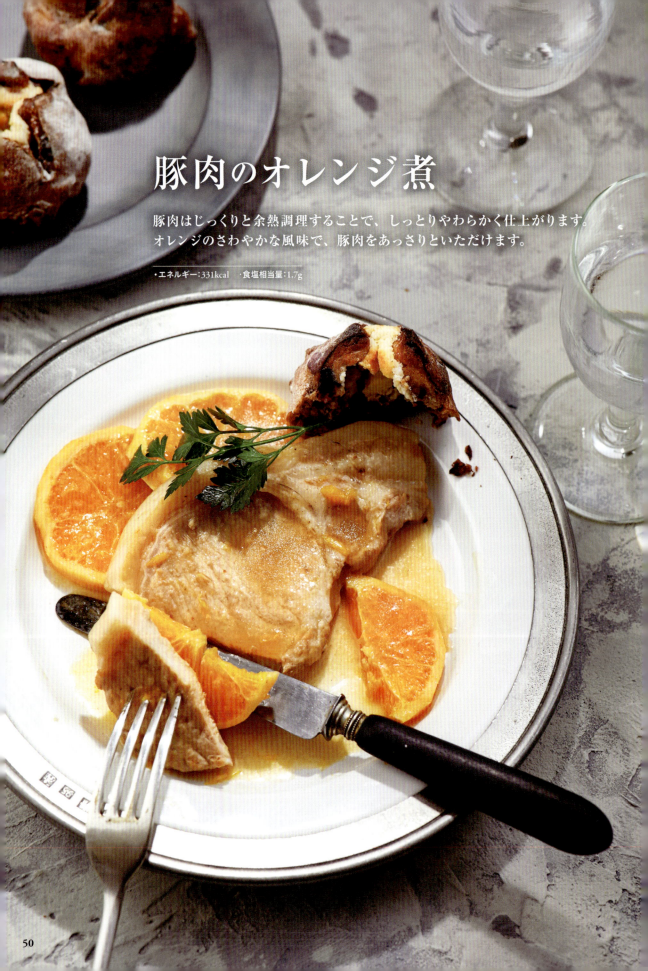

豚肉のオレンジ煮

豚肉はじっくりと余熱調理することで、しっとりやわらかく仕上がります。
オレンジのさわやかな風味で、豚肉をあっさりといただけます。

・エネルギー：331kcal　・食塩相当量：1.7g

材料 2人分

豚ロース肉	2切れ
塩、こしょう	各少々
小麦粉	適量
オレンジ	1個
バター	5g
A　コンソメ（顆粒）	小さじ1
白ワイン	大さじ1
しょうゆ	小さじ1
イタリアンパセリ	適量

低温調理 2時間
保存期間 冷凍1か月／冷蔵4日

作り方

1 豚肉は塩、こしょうで下味をつけ、小麦粉をまぶす。

2 オレンジは皮を除いて輪切りにする。

3 フライパンにバターを熱し、**1**の両面を強めの中火で焼く。

4 ポリ袋に**3**をオレンジで挟むように入れる。

5 **A**を加え、軽くもんで味つけする。ポリ袋の空気を抜いて口を閉じる。

6 土鍋に**5**と水を入れて沸かし、5分煮たら火を止める。ふたをしてタオルで包み、2時間保温する。具材を袋から出して器に盛り、イタリアンパセリを飾る。

カポナータ

野菜がたっぷり入ったカポナータも、鍋で煮て放っておくだけ。
玉ねぎとにんにくは、レンジで加熱するとやわらかくなります。

・エネルギー：81kcal　・食塩相当量：1.2g

材料 2人分

玉ねぎ	1/4個
にんにく	小1片
なす	1本
トマト	150g
ズッキーニ	1/2本
パプリカ（赤、黄）	各1/4個

A
- オリーブオイル……小さじ1
- コンソメ（顆粒）……小さじ1
- ケチャップ……大さじ1
- 塩、こしょう……各少々
- 水……50mℓ

イタリアンパセリ……適量

低温調理 2時間

保存期間 冷凍1か月 冷蔵4日

作り方

1 玉ねぎ、にんにくは粗いみじん切りにし、ポリ袋に入れて電子レンジ（600W）で3分加熱する。

2 なす、トマト、ズッキーニ、パプリカはすべて1.5cm角に切る。

3 1のポリ袋に2を加える。

4 3にAを加える。

5 4をもみ込んで味つけし、ポリ袋の空気を抜いて口を閉じる。

6 土鍋に5と水を入れて沸かし、5分煮たら火を止める。ふたをしてタオルで包み、2時間保温する。袋から出して器に盛り、イタリアンパセリを飾る。

ハッシュドビーフ

子どもも喜ぶハッシュドビーフ、余熱調理でお手軽に。
・エネルギー:495kcal ・食塩相当量:1.5g

低温調理 60分

保存期間 冷凍1か月 / 冷蔵4日

材料 2人分

玉ねぎ	1/2個
にんにく	小1片
A トマト缶	100g
ウスターソース	小さじ1
ケチャップ	小さじ4
しょうゆ	小さじ1/2
コンソメ（顆粒）	小さじ1
ローリエ	1枚
牛肉（切り落とし）	150g
小麦粉	小さじ4
サラダ油	小さじ1
ご飯	250g

作り方

1 玉ねぎ、にんにくは粗いみじん切りにしてポリ袋に入れ、電子レンジ（600W）で3分加熱する。Aを加える。

2 牛肉に小麦粉をまぶす。

3 フライパンにサラダ油を熱し、2をさっと炒めて1のポリ袋に入れる。ポリ袋の空気を抜いて口を閉じる。

4 土鍋に3と水を入れて沸かし、5分煮たら火を止める。ふたをしてタオルで包み、60分保温する。

5 具材を袋から出してご飯とともに器に盛る。

厚揚げのそぼろ煮

みそだれが厚揚げによく絡み、ご飯がすすむおかずに。

・エネルギー:298kcal　・食塩相当量:1.8g

低温調理 **60分**　保存期間 冷蔵**4日**

材料 2人分

厚揚げ	200g
パプリカ（赤）	1/4個
A　にんにく（みじん切り）	小1片分
しょうが（みじん切り）	小1片分
長ねぎ（みじん切り）	5cm分
B　しょうゆ	小さじ1
みそ	小さじ1
砂糖	小さじ1
豆板醤（トウバンジャン）	少々
オイスターソース	小さじ1/2
鶏ガラスープの素	小さじ1
ごま油	小さじ1
片栗粉	小さじ1
水	50ml
豚ひき肉	80g

作り方

1 厚揚げは食べやすい大きさに切る。パプリカは1cm角に切る。

2 ポリ袋にA、B、豚肉を入れてよく混ぜ合わせたら、さらに1を加えて軽く混ぜる。ポリ袋の空気を抜いて口を閉じる。

3 土鍋に2と水を入れて沸かし、5分煮たら火を止める。ふたをしてタオルで包み、60分保温する。

4 具材を袋から出して器に盛る。

にんじんのグラッセ → P.58

かぼちゃのレーズン煮 → P.58

きのこのベーコン煮 →P.59

鶏肉とエリンギの
レモン煮 →P.59

にんじんのグラッセ

にんじんは水から煮ることで、味が染み込みやすくなります。

・エネルギー:72kcal　・食塩相当量:0.4g

低温調理 **2時間**

保存期間 冷凍**1**か月 冷蔵**4**日

材料 2人分

にんじん	100g
A はちみつ	大さじ1
バター	6g
塩	少々
水	40㎖
イタリアンパセリ	適量

作り方

1 にんじんは厚さ5㎜の輪切りにする。

2 ポリ袋に**1**と**A**を入れ、もみ込んで味つけする。ポリ袋の空気を抜いて口を閉じる。

3 土鍋に**2**と水を入れて沸かし、7分煮たら火を止める。ふたをしてタオルで包み、2時間保温する。

4 にんじんを袋から出して器に盛り、汁をかける。イタリアンパセリを飾る。

かぼちゃのレーズン煮

献立に何かもう一品というときに、手軽に作れておすすめの小鉢。

・エネルギー:165kcal　・食塩相当量:0.1g

低温調理 **60分**

保存期間 冷凍**1**か月 冷蔵**4**日

材料 2人分

かぼちゃ	160g
レーズン	大さじ2
A 水	50㎖
砂糖	大さじ1
バター	10g

作り方

1 かぼちゃは種を除き、2㎝角に切る。

2 ポリ袋に**1**、レーズン、**A**を入れる。ポリ袋の空気を抜いて口を閉じる。

3 土鍋に湯を沸かし、**2**を5分煮たら火を止める。ふたをしてタオルで包み、60分保温する。

4 具材を袋から出して器に盛る。

きのこのベーコン煮

きのこのうまみを逃さずに閉じ込めた一品。

・エネルギー:116kcal　・食塩相当量:1.3g

低温調理 2時間
保存期間 冷凍1か月 冷蔵4日

材料 2人分

しいたけ	4枚
しめじ	100g
エリンギ	2本
ベーコン	2枚
A　オリーブオイル	小さじ1
白ワイン	大さじ1
コンソメ（顆粒）	小さじ1
水	50ml
塩、こしょう	各少々

作り方

1 しいたけは石づきを取って5mm幅に切る。しめじは石づきを取ってほぐす。エリンギは長さを半分、5mm厚さ、1cm幅に切る。

2 ベーコンは1.5cm幅に切る。

3 ポリ袋に、1、2、Aを入れ、もみ込んで味つけする。ポリ袋の空気を抜いて口を閉じる。

4 土鍋に3と水を入れて沸かし、5分煮たら火を止める。ふたをしてタオルで包み、2時間保温する。

5 具材を袋から出して器に盛り、汁をかける。

鶏肉とエリンギのレモン煮

エリンギが、鶏肉のうまみを吸ってさらにおいしく。

・エネルギー:170kcal　・食塩相当量:2.6g

低温調理 2時間
保存期間 冷凍1か月 冷蔵4日

材料 2人分

鶏むね肉（皮なし）	200g
塩、こしょう	各少々
エリンギ	60g
A　レモン（輪切り）	4枚
はちみつ	大さじ1
しょうゆ	大さじ1
コンソメ（顆粒）	小さじ1
水	45ml

作り方

1 鶏肉はフォークで数か所刺して6等分に切り、塩、こしょうで下味をつける。

2 エリンギは長さ半分、縦4等分に切る。

3 ポリ袋に1、2、Aを入れる。ポリ袋の空気を抜いて口を閉じる。

4 土鍋に湯を沸かし、3を入れて5分煮たら火を止める。ふたをしてタオルで包み、2時間保温する。

5 具材を袋から出して器に盛り、汁をかける。

Chapter2. 鍋でじっくり余熱調理

肉じゃが

煮崩れしやすい肉じゃがは、この調理法だと失敗しません。

・エネルギー:517kcal　食塩相当量:2.8g

低温調理 **3**時間　保存期間 冷蔵**4**日

材料 2人分

牛ばら肉（薄切り）	150g
じゃがいも	2個
玉ねぎ	1/2個
にんじん	60g
しらたき（あくぬきしたもの）	1/2玉
サラダ油	小さじ1
A　だし汁	100mℓ
砂糖	大さじ2
しょうゆ	大さじ2
みりん	大さじ1
さやえんどう	適量

作り方

1 牛肉は5cm幅に切る。

2 じゃがいもは皮をむき、一口大に切る。玉ねぎは2cm幅のくし形切りに、にんじんは乱切りにする。

3 しらたきは5cm長さに切り、水洗いして水気をきる。

4 フライパンにサラダ油を熱し、1をさっと炒める。

5 ポリ袋に2、3、4、Aを入れる。ポリ袋の空気を抜いて口を閉じる。

6 土鍋に5と水を入れて沸かし、8分煮たら火を止める。ふたをしてタオルで包み、3時間保温する。

7 具材を袋から出して器に盛り、ゆでて半分に切ったさやえんどうをのせる。汁をかける。

韓国風ブリ大根

コチュジャンの辛みをきかせて、いつもの献立のアクセントに。

・エネルギー：274kcal　・食塩相当量：1.8g

低温調理 **3**時間　保存期間 冷蔵**4**日

材料 2人分

ブリ	2切れ
大根	200g
A　しょうが（スライス）	小1かけ
にんにく（スライス）	小1/2かけ
しょうゆ	大さじ1
コチュジャン	小さじ1
砂糖	大さじ1
ごま油	小さじ1
糸唐辛子	適量

作り方

1. ブリは半分に切ってザルにのせ、熱湯を回しかける。
2. 大根は5mm厚さのいちょう切りにする。
3. ポリ袋に**1**、**2**、**A**を入れる。ポリ袋の空気を抜いて口を閉じる。
4. 土鍋に**3**と水を入れて沸かし、8分煮たら火を止める。ふたをしてタオルで包み、3時間保温する。
5. 具材を袋から出して器に盛り、汁をかける。糸唐辛子を添える。

具材にだしがしっかり染み込んだ、和食の定番です。

・エネルギー：146kcal　・食塩相当量：2.5g

低温調理 **3**時間　保存期間 冷蔵**4**日

材料 2人分

大根	200g
こんにゃく（あくぬき）	1/4枚
ちくわ	小1本
結び昆布	2個
ゆでたまご	2個
A　だし汁	200mℓ
みりん	小さじ2
しょうゆ	小さじ2
塩	小さじ1/4
からし	適量

作り方

1 大根は1.5cm厚さの輪切りにする。こんにゃくは三角形に、ちくわは食べやすい大きさに切る。

2 ポリ袋に**1**、結び昆布、ゆでたまご、**A**を入れる。ポリ袋の空気を抜いて口を閉じる。

3 土鍋に**2**と水を入れて沸かし、15分煮たら火を止める。ふたをしてタオルで包み、3時間保温する。

4 具材を袋から出して器に盛り、汁をかける。からしを添える。

おでん

牛肉のキムチ煮

キムチの辛みがピリッときいた、大人味の一皿。

・エネルギー:250kcal　・食塩相当量:2.2g

低温調理 **60**分

保存期間 冷凍**1**か月 冷蔵**4**日

材料 2人分

牛肉(薄切り)	150g
白菜キムチ	80g
玉ねぎ	1/2個
A しょうゆ	小さじ2
みそ	小さじ1
水	大さじ2
すりごま	小さじ1
青ねぎ	少々

作り方

1 牛肉は食べやすい大きさに切る。

2 白菜キムチはざく切りにする。玉ねぎは1cm厚さのくし形に切る。

3 ポリ袋に1、2、Aを入れ、もみ込んで味つけする。ポリ袋の空気を抜いて口を閉じる。

4 土鍋に3と水を入れて沸かし、5分煮たら火を止める。ふたをしてタオルで包み、60分保温する。

5 具材を袋から出して器に盛り、汁をかける。青ねぎを添える。

おからと
サンマ缶の
煮もの → P.66

里いもの
柚子風味煮
→ P.66

五目うま煮 →P.67

切り干し大根の煮もの →P.67

おからとサンマ缶の煮もの

味つけはサンマ缶だけ。塩気がきいておつまみにもおすすめ。

・エネルギー：179kcal　・食塩相当量：0.8g

低温調理 2時間

保存期間 冷凍1か月／冷蔵4日

材料 2人分

長ねぎ	30g
にんじん	30g
おから	100g
サンマの蒲焼缶	1缶

作り方

1 長ねぎは小口切り、にんじんはせん切りにする。
2 ポリ袋に**1**、おから、サンマの蒲焼缶を汁ごと入れ、しっかりともみ込んで味つけする。ポリ袋の空気を抜いて口を閉じる。
3 土鍋に**2**と水を入れて沸かし、10分煮たら火を止める。ふたをしてタオルで包み、2時間保温する。
4 具材を袋から出して器に盛る。

里いもの柚子風味煮

柚子のさわやかな香りが、ねっとりした里いもを引き立てます。

・エネルギー：85kcal　・食塩相当量：0.3g

低温調理 3時間

保存期間 冷凍1か月／冷蔵4日

材料 2人分

里いも		200g
A	柚子ジャム	大さじ3
	塩	少々

作り方

1 里いもは皮をむき、一口大に切る。鍋でさっとゆでて水気を切る。
2 ポリ袋に**1**と**A**を入れる。ポリ袋の空気を抜いて口を閉じる。
3 土鍋に**2**と水を入れて沸かし、15分煮たら火を止める。ふたをしてタオルで包み、3時間保温する。
4 里いもを袋から出して器に盛る。

五目うま煮

さまざまな具材の味わいを一度にたのしめる、ちょっと贅沢な小鉢。

・エネルギー：77kcal　・食塩相当量：1.3g

低温調理 2時間 ／ 保存期間 冷蔵4日

材料 2人分

たけのこ	100g
にんじん	60g
しいたけ	4枚
さつま揚げ	1枚
A だし汁	200mℓ
砂糖	小さじ2
しょうゆ	小さじ2
さやえんどう	適量

作り方

1 たけのこは一口大に切る。にんじんは皮をむき乱切りにする。

2 石づきを取ったしいたけは半分に切る。さつま揚げは一口大に切る。

3 ポリ袋に**1**、**2**、**A**を入れる。ポリ袋の空気を抜いて口を閉じる。

4 土鍋に**3**と水を入れて沸かし、10分煮たら火を止める。ふたをしてタオルで包み、2時間保温する。

5 具材を袋から出し、ゆでて半分に切ったさやえんどうとともに器に盛る。最後に、汁をかける。

切り干し大根の煮もの

切り干し大根は、余熱調理でだしがしっかり染み込みます。

・エネルギー：106kcal　・食塩相当量：1.4g

低温調理 2時間 ／ 保存期間 冷凍1か月・冷蔵4日

材料 2人分

切り干し大根	30g
にんじん	20g
油揚げ	1/2枚
しいたけ	2枚
A だし汁	80mℓ
砂糖	大さじ1
しょうゆ	大さじ1

作り方

1 切り干し大根は洗い、水に15分つけて戻し、水気を絞る。

2 にんじんは半月切り、油揚げは細切りにする。しいたけは石づきを取って薄く切る。

3 ポリ袋に、**1**、**2**、**A**を入れ、もみ込んで味つけする。ポリ袋の空気を抜いて口を閉じる。

4 土鍋に**3**と水を入れて沸かし、5分煮たら火を止める。ふたをしてタオルで包み、2時間保温する。

5 具材を袋から出して器に盛り、汁をかける。

ポリ袋を開けたとたん、カレーの香りがいっぱいに広がります。

・エネルギー：149kcal　・食塩相当量：1.8g

低温調理 **2時間**

保存期間 冷凍**1**か月／冷蔵**4**日

材料 2人分

タラ	2切れ
塩、こしょう	各少々
小麦粉	適量
玉ねぎ	1/4個
エリンギ	1本
ぶなしめじ	100g
サラダ油	小さじ2
A　カレー粉	小さじ1
しょうが（みじん切り）	小1かけ
しょうゆ	小さじ2
コンソメ（顆粒）	小さじ1
水	小さじ1
パセリ（みじん切り）	適量

作り方

1. タラは半分に切り、塩、こしょうで下味をつけて小麦粉をまぶす。
2. 玉ねぎは繊維にそって薄切りにする。
3. エリンギは長さを半分に、縦4等分に切る。ぶなしめじは石づきを取ってほぐす。
4. フライパンにサラダ油を熱し、**1**の両面をさっと焼く。
5. ポリ袋に**A**を入れて混ぜ合わせ、さらに**2**、**3**、**4**を加える。ポリ袋の空気を抜いて口を閉じる。
6. 土鍋に**5**と水を入れて沸かし、5分煮たら火を止める。ふたをしてタオルで包み、2時間保温する。
7. 具材を袋から出して器に盛り、汁をかける。パセリを散らす。

タラのカレー煮

鶏もも肉と
カラフル豆のトマト煮

鶏肉と豆をトマトで煮込んだ、彩り豊かな一皿。

・エネルギー:404kcal　・食塩相当量:0.8g

低温調理 **2時間**
保存期間 冷凍**1か月** 冷蔵**4日**

材料 2人分

鶏むね肉	180g
塩、こしょう	各少々
小麦粉	適量
玉ねぎ	1/4個
にんにく(みじん切り)	小1片分
オリーブオイル	小さじ2
A トマト缶	1/2缶(200g)
ミックスビーンズ	200g
ローリエ	1枚

作り方

1. 鶏肉は6等分に切り、塩、こしょうで下味をつける。20分おいたら小麦粉をまぶす。
2. 玉ねぎは1cm角に切り、ポリ袋に入れて電子レンジで(600W) 2分加熱する。粗熱がとれたらAを加えて混ぜる。
3. フライパンにオリーブオイルとにんにくを弱火で熱する。香りが立ったら1を入れ、表面の色が変わったら取り出して油をきる。
4. 3を2に入れる。ポリ袋の空気を抜いて口を閉じる。
5. 土鍋に4と水を入れて沸かし、8分煮たら火を止める。ふたをしてタオルで包み、2時間保温する。
6. 具材を袋から出して器に盛り、汁をかける。

Column 1

美容と健康のために…
タンパク質を上手に摂取する献立

タンパク質は血や肉のもととなる栄養素として知られています。
さらには、キメ細やかな肌やツヤのある髪、割れずに整った爪を作るために必須。
健康のためにも、美容のためにも重要です。

低温真空調理はタンパク質がかたくならない

タンパク質は、加熱することでかたくなり、水分が抜けてしまいます。しかし、低温真空調理なら、高温の熱を加える調理と異なり、やわらかくジューシーに仕上がります。

1日に必要なタンパク質

厚生労働省は、成人男性60g、成人女性50gのタンパク質を摂ることを推奨しています。これを食材に置き換えると、たまご1個、ぶた肉（薄切り）3枚、魚1切れ、豆腐1/3丁、乳製品（コップ1杯分の牛乳とチーズ1切れなど）がタンパク質源の目安となります。

おすすめの献立例

朝

タンパク質 7.5g

→ P.48 ポトフ
＋牛乳、フルーツ（キウイ）、パン

昼

タンパク質 20.1g

カジキマグロの
バターじょうゆ焼き → P.38

夜

タンパク質 19.9g

牛ステーキ → P.76

合計タンパク質 55.2g

タンパク質 2.5g

カポナータ → P.52
＋コンソメスープ、パン

タンパク質 5.2g

きのこのベーコン煮 → P.57
＋シーザーサラダ、ご飯

Chapter 3
温度計を使って湯せん

温度計を使った湯せんで44〜65℃など、
しっかり温度管理して作るメニューにチャレンジ！
レベルは高いけれど、
素材のよさを最も引き出すレシピです。

44～65℃にしっかり管理

Chapter3では、調理家電では調整が難しい、比較的低温で調理するレシピを紹介しています。湯せんできちんと温度調節をするポイントをマスターして、調理の幅を広げましょう。

温度計を使った湯せんの基本 **4** ステップ

1 食材と調味料をポリ袋に入れる

まずは食材を切る、下味をつけるなどして下処理します。調味料は事前に混ぜ合わせておいてもよいですが、そのままポリ袋に入れてもOKです。食材を入れ、空気を抜いてポリ袋の口を閉じてください。

2 大きい鍋に湯を沸かす

小さめの鍋を重ねられるよう、大きい鍋を選びましょう。また、沸かす湯は小さい鍋を重ねたときにこぼれない程度に、たっぷり用意してください。

3 小さめの鍋を重ねる

あらかじめ別のコンロで小さめの鍋で湯を沸かしておきます。大きい鍋に重ねるときに湯がはねたり、こぼれたりしないよう注意しましょう。

4 小さめの鍋にポリ袋を入れて温度調節する

湯がはられた小さめの鍋にポリ袋を入れて温度を計ります。温度計は鍋の底につけないように注意しましょう。

温度調節の方法

温度が高いときは氷を入れる

湯せんする温度が高い場合、少しずつ氷を入れて冷まします。氷の量は温度を見ながら調整してください。一度にたくさん入れすぎると温度が下がりすぎてしまう場合があります。

温度が低いときは大きい鍋の湯を入れる

温度が低い場合、大きい鍋から湯をすくい、小さめの鍋に入れて温度を上げます。温度が大幅に低い場合は、別に沸かした熱湯を入れてもよいです。量は温度を見ながら調整してください。

スティックタイプ

赤外線タイプ

2タイプから選ぶ調理用温度計

調理用の温度計はさまざまな製品が販売されていますが、スティックタイプのものと、赤外線タイプのものと、大きく2つに分けられます。スティックタイプは、温度を測定する棒状の部分を、食材や液体に入れて温度を計るものです。赤外線タイプは、食材や液体に触れることなく、測定部をかざして温度を計ります。

赤外線タイプは衛生的に使える点が魅力。スティックタイプは赤外線タイプと比べると安価に入手できます。用途に合わせて選びましょう。

ワンポイント

高めの温度から冷めるのを待つのがコツ

ねらった温度にするためには、沸騰させるなど温度を高くしてから冷めるのを待つ方法がかんたんです。このため、ステップ3で小さめの鍋に湯を準備する際に一度沸騰させておくのがおすすめ。

エビのポン酢マリネ

低温真空調理で作るマリネは、調味料が少なくすみます。
エビの尻尾でポリ袋が破れないよう、空気を抜くときは慎重に。

・エネルギー：90kcal　・食塩相当量：0.8g

材料 2人分

みょうが	1個
甘エビ（刺身用）	14尾
大葉	1枚
A ┃ オリーブオイル	小さじ2
┃ ポン酢しょうゆ	大さじ1

低温調理 55℃ 20分　保存期間 冷蔵1日

※加熱時間が短いので、なるべく早めに食べきってください。

作り方

1 みょうがは小口切りにする。

2 ポリ袋に1、甘エビ、大葉を入れる。

3 Aを加え、軽く混ぜる。

4 ポリ袋が破れないよう気をつけて、空気を抜いて口を閉じる。

5 大きめの鍋に湯を沸かし、55℃の湯を入れた小さめの鍋を重ねる。小さめの鍋に4を入れて20分湯せんする。

6 少し冷ましてから、具材を袋から出し、器に盛る。汁をかける。

牛ステーキ

湯せんした牛肉は、うまみが凝縮されてジューシーになります。
食べる直前に焼くことで、香ばしく仕上げましょう。

・エネルギー:314kcal　・食塩相当量:1.3g

材料 2人分

牛もも肉	300g
塩	小さじ1/3
こしょう	少々
にんにく	小1かけ
サラダ油	小さじ2
レモン（薄い輪切り）	2枚
バター	10g
クレソン	適量

低温調理 60℃ 30分
保存期間 冷凍1か月 冷蔵3日

※保存する際は、作り方4で湯せんしたあと、焼かずにポリ袋のまま氷水で冷やして保存してください。

作り方

1 牛肉に塩、こしょうで下味をつける。

2 スライスしたにんにくを肉の裏表に散らす。

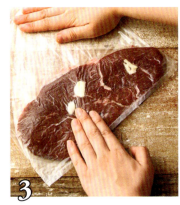

3 ポリ袋に**2**を入れ、空気を抜いて口を閉じる。

4 大きめの鍋に湯を沸かし、60℃の湯を入れた小さめの鍋を重ねる。小さめの鍋に**3**を入れて30分湯せんする。

5 具材を袋から出し、汁気を拭く。

6 フライパンにサラダ油とにんにくを熱し、にんにくがこんがり焼けたら取り出す。牛肉の両面を焼く。器に盛ってレモン、バター、にんにく、クレソンを添える。

サーモンマリネ

オリーブオイルが、サーモンにコクと香りをプラスします。

・エネルギー:219kcal ・食塩相当量:0.9g

低温調理 55℃ 20分　保存期間 冷蔵1日

材料 2人分

サーモン（刺身用）	1さく
塩、こしょう	各少々
セロリの葉	適量
A　オリーブオイル	小さじ2
酢	大さじ1
塩	少々
黒こしょう	少々

作り方

1 サーモンに塩、こしょうで下味をつける。
2 ポリ袋にAを入れて混ぜ、さらに1とセロリの葉を加える。ポリ袋の空気を抜いて口を閉じる。
3 大きめの鍋に湯を沸かし、55℃の湯を入れた小さめの鍋を重ねる。小さめの鍋に2を入れて20分湯せんする。
4 3のポリ袋を冷水にとる。具材を袋から出して器に盛り、汁をかける。黒こしょうをふる。

※加熱時間が短いので、なるべく早めに食べきってください。

豚ロースのカレーソテー

香ばしいカレーソースが、やわらかい豚肉によく絡みます。

・エネルギー：361kcal　・食塩相当量：0.9g

低温調理 65℃ 30分
保存期間 冷凍1か月 冷蔵3日

材料 2人分

- 豚ロース肉……………200g
- 塩、こしょう…………各少々
- A
  - みりん……………大さじ2
  - カレー粉…………小さじ1
  - コンソメ（顆粒）…小さじ1
- サラダ油………………小さじ2
- キャベツ………………80g
- イタリアンパセリ………適量

作り方

1. 豚肉は塩、こしょうで下味をつける。
2. ポリ袋に1とAを入れ、もみ込んで味つけする。ポリ袋の空気を抜いて口を閉じる。
3. 大きめの鍋に湯を沸かし、65℃の湯を入れた小さめの鍋を重ねる。小さめの鍋に2を入れて30分湯せんする。
4. 30分たったら3のポリ袋から豚肉を取り出し、フライパンにサラダ油を熱して両面を焼く。ポリ袋の中の汁はとっておく。
5. 4でとっておいた汁を鍋で煮詰める。
6. 4の豚肉を器に盛り、5の汁をかける。せん切りにしたキャベツとイタリアンパセリを添える。

※保存する際は、作り方3で湯せんしたあと、焼かずにポリ袋のまま氷水で冷やして保存してください。

豆板醤が、イカのうまみをひきだす定番おつまみです。

・エネルギー：109kcal　・食塩相当量：2.6g

 低温調理 65℃ 30分
 保存期間 冷凍1か月 冷蔵3日

材料 2人分

イカ	1杯
塩	少々
A しょうゆ	大さじ1
酒	大さじ1
鶏ガラスープの素	小さじ1
豆板醤	小さじ1/2
しょうが（みじん切り）	大さじ1
にんにく（みじん切り）	大さじ1
長ねぎ（みじん切り）	大さじ1
ごま油	小さじ1

作り方

1 イカはワタを除いて胴体を輪切りにし、足を長さ半分に切る。塩をふって15分おき、水気を拭く。

2 ポリ袋にAと1を入れ、もみ込んで味つけする。ポリ袋の空気を抜いて口を閉じる。

3 大きめの鍋に湯を沸かし、65℃の湯を入れた小さめの鍋を重ねる。小さめの鍋に2を入れて30分湯せんする。

4 具材を袋から出して器に盛り、汁をかける。

イカの中華煮

Column ❷
好みのかたさを選べる"温たま"

低温調理で作る"温たま"は、白身が半熟状態。
保温する時間によって、黄身のかたさが変わっていきます。
25分、35分、45分の3つの時間の比較を紹介。好みのかたさで"温たま"を作ってみては？

材料
たまご……1個

作り方
1 炊飯器にたまごと70℃の湯を入れ、保温する。
2 好みのかたさになる時間が経ったら、たまごを取り出して水にさらし、殻をむく。
3 器に盛る。

とろとろくずれる 25分
25分保温したたまごは、箸でかんたんにくずれるやわらかさ。とろとろと水っぽいくらいのかたさが好みの人におすすめ。

しっとりやわらか 35分
35分後に取り出したたまごは、どろっとせずかたまっていますが、箸で力を入れずに切れるかたさ。とろとろとはしたくないけど、かたすぎるのも苦手という人はぜひ。

ぎゅっとかたまる 45分
45分経つと、黄身がしっかりかたまります。箸で切るときに力を込めるかたさです。とにかくしっかりかたまっているのが好きな人は、お試しください。

Column ❸
災害時にも役立つご飯・おかゆ

災害時に電気やガスが使えなくなってしまっても、ポリ袋とカセットコンロさえあれば作れるご飯。
鍋に入れる水は飲み水のように清潔でなくても使え、再利用も可能。
赤十字病院などでも非常食として紹介されています。

ご飯

米と水の量を1/2カップにすると、おにぎり1個分ほどの量が炊きあがります。茶碗がなくてもそのまま食べられて便利です。

おかゆ

水の量の調節によって、やわらかくておいしくできあがります。体調がすぐれないときの食事としてもおすすめ。

材料

- 米 ……………… 1/2カップ
- 水 ……… ご飯：1/2カップ
  - おかゆ：2・1/2カップ

作り方

1 といだ米と水をポリ袋に入れ、そのまま20分おく（ⓐ）。
2 土鍋に1とたっぷりの水（分量外）を入れて沸かし（ⓑ）、10分煮たら火を止める。ふたをしてタオルで包み、60分保温する。
3 器に盛る。

ⓐ 水の量を変えるだけで、ご飯にもおかゆにも

水の量を調節して、ご飯にするか、おかゆにするか選びましょう。

ⓑ たっぷりの水と一緒に入れて煮る

水につけた状態から煮ることで、米を炊くことができます。

Chapter 4
スープジャーの フルーツデザート

フルーツをスープジャーに入れて保温するだけ。
ひと手間加えるだけなのに、
コース料理のラストを飾るようなデザートに大変身。

湯を注いだら余熱調理

Chapter4ではスープジャーを使ったフルーツデザートのレシピを紹介しています。スープジャーの選び方や、温度を保つコツをおさえて、省エネ調理にチャレンジしましょう。

スープジャーを使った調理の基本 4 ステップ

1 スープジャーを予熱する

あらかじめスープジャーにたっぷりの熱湯を入れてふたを閉め、温めておきます。こうすることでスープジャーの保温性を高め、あとで入れる湯の温度を長時間保ちやすくなります。

2 食材と調味料をポリ袋に入れる

食材を切る、下味をつけるなどして下処理します。調味料は事前に混ぜ合わせておいてもよいですが、そのままポリ袋に入れてもOKです。食材を入れ、ポリ袋の空気を抜いて口を閉じてください。

3 冷めた湯を捨ててポリ袋と湯を入れる

1であらかじめ入れておいた湯は、冷めているので捨てましょう。ポリ袋と、レシピに記載された温度の湯をあらたに入れます。

4 保温する

スープジャーのふたをして、レシピに記載された時間保温します。時間はレシピの記載を守ってください。時間が長すぎると温度が下がり、菌が発生しやすくなります。

スープジャーを選ぶ3つのポイント

手軽に入手できるスープジャー。さまざまなメーカーが販売しており、目移りしてしまいます。低温真空調理に使うスープジャーを選ぶための3つのコツを紹介します。

容量の大きいものを選ぶ

スープジャーの容量は製品によって異なり、250〜600mlのものが販売されています。食材が入ったポリ袋と湯を入れるため、500ml以上の大きめのものがおすすめ。容量が小さめのものを使う場合は、ポリ袋に入れる食材の量を減らしましょう。

保温力の高いものを選ぶ

スープジャーでは余熱調理を行います。保温力が低いと加熱不足につながるため、必ず保温力の高いものを選んでください。メーカーによっては保温効力を公表しているため、参考にしてください。

手入れしやすいものを選ぶ

開口部が大きいものが手入れしやすく便利です。スープジャーのふたにはパッキンなどがついており、なるべく凹凸が少ないものだと食器スポンジで洗えます。また、パーツを分解できるものは、より衛生的に使用できます。

> **ワンポイント**
> ### 湯はたっぷり入れる
>
> スープジャーに湯を入れるとき、なるべくたっぷりの量の湯を入れましょう。湯の量が多いほど保温力が高くなります。少ないと温度が下がりやすく、加熱不足につながるので注意が必要です。

いちごのコンポート

いちごにひと手間加えることで、クラッカーとあわせておいしいコンポートに。
ヨーグルトや炭酸水ともよくあいます。

・エネルギー:95kcal　・食塩相当量:0.0g

材料 1人分

いちご ……………………………… 5個
砂糖 ………………………………… 大さじ2
湯（60℃）………………………… 50mℓ

下準備

スープジャーに熱湯を入れてふたを閉め、温めておく。

作り方

1 いちごはヘタを切り落とす。

2 ポリ袋に**1**、砂糖、60℃の湯を入れ、スプーンなどを使って軽く混ぜる。

3 ポリ袋の空気を抜いてしっかり口を閉じる。

4 下準備しておいたスープジャーの熱湯を捨て、**3**と60℃の湯を入れて30分保温する。

5 **4**のポリ袋を取り出して氷水で10分冷やす。いちごを袋から出して器に盛り、汁をかける。

Advice

完成したものに炭酸水を注ぐと、さわやかなドリンクにもなります。

フルーツミックスコンポート

シナモンが香る、ぶどうとパイナップルのコンポート。
やさしい酸味で、デザートやおやつにぴったり。

・エネルギー：164kcal　・食塩相当量：0.0g

材料 1人分

- ぶどう（紫・緑）……… 各6粒
- パイナップル ……………… 30g
- シナモンスティック ……… 1本
- 砂糖 ………………………… 大さじ3
- 湯（90℃）………………… 50mℓ
- ミント ……………………… 適量

 低温調理 90℃ 3時間
 保存期間 冷蔵 1日

下準備
スープジャーに熱湯を入れてふたを閉め、温めておく。

作り方

1 ぶどうはヘタを切り落とす。

2 パイナップルは皮と芯を除き、食べやすい大きさに切る。

3 ポリ袋に1、2、シナモンスティック、砂糖、90℃の湯を入れてスプーンなどで軽く混ぜる。

4 3の空気を抜いて口を閉じる。下準備しておいたスープジャーの熱湯を捨て、ポリ袋と90℃の湯を入れて3時間保温する。

5 4のポリ袋を取り出して氷水で10分冷やす。具材を袋から出して器に盛り、汁をかける。ミントを添える。

Advice

シナモンスティックは香りづけになります。飾るハーブはお好みのものをチョイスしてもOK！

Chapter4. スープジャーのフルーツデザート

キウイのコンポート

りんごの
ハイビスカスティー煮

キウイのコンポート

コンポートにしたキウイは、甘みが強まり濃厚な味に。

- エネルギー：54kcal ・食塩相当量：0.0g

低温調理 **60℃ 30分** ／ 保存期間 **冷蔵1日**

材料 1人分

キウイ ………………… 1個（100g）
砂糖 …… 50g（キウイ半分の重さ）
湯（60℃）………………… 100mℓ

下準備

スープジャーに熱湯を入れてふたを閉め、温めておく。

作り方

1 ポリ袋に砂糖と60℃の湯を入れてスプーンなどでよく混ぜる。
2 キウイはヘタと芯を除いて皮をむき、1に入れる。ポリ袋の空気を抜いて口を閉じる。
3 下準備しておいたスープジャーの熱湯を捨て、2と60℃の湯を入れて30分保温する。
4 3のポリ袋を取り出して氷水で10分冷やす。
5 キウイを袋から出して器に盛る。

りんごのハイビスカスティー煮

りんごは、しゃりしゃりとしたほどよい歯ごたえを楽しめます。

- エネルギー：63kcal ・食塩相当量：0.0g

低温調理 **90℃ 3時間** ／ 保存期間 **冷蔵2日**

材料 1～2人分

ハイビスカスティー
　（ティーバッグ）…………… 1個
湯（90℃）………………… 100mℓ
砂糖 ………………………… 大さじ1
りんご ……………………… 1/4個
ミント ……………………… 適量

下準備

スープジャーに熱湯を入れてふたを閉め、温めておく。

作り方

1 カップにティーバッグと90℃の湯を入れてハイビスカスティーを作り、砂糖を加えて混ぜ、ポリ袋に入れる。
2 りんごは皮と芯を除き、一口大に切って1に入れる。ポリ袋の空気を抜いて口を閉じる。
3 下準備しておいたスープジャーの熱湯を捨て、2と90℃の湯を入れる。ふたをして3時間保温する。
4 りんごを袋から出して器に盛り、汁をかける。ミントを飾る。

Chapter4. スープジャーのフルーツデザート

作りおきに役立つ！
ポリ袋の冷凍保存術

ポリ袋での調理は、1食分を小分けした作りおきができるのが魅力。
すぐに食べない場合の保存の仕方と、食べる直前の解凍法を紹介します。

（ 冷凍 3 ステップ ）

1 氷水で冷やす

まずは、氷水をはったボウルにポリ袋を入れて、すばやく冷やします。細菌が発生しやすいのは35℃前後と言われているため、この温度帯にならないよう、なるべく早く冷やすことが重要です。

2 平らにのばす

ポリ袋が冷えたら、ボウルから取り出して水気を拭きます。まな板などの上において、中の食材が平らになるよう押し付けます。平らにすることで早く凍らせることができ、冷凍庫の中でも場所をとりません。

3 冷凍庫に入れる

バットなどにポリ袋をおいて、バットごと冷凍庫に入れると、平らにのばした状態で凍らせることができます。スペース的に難しい場合はそのまま入れてください。

（ 解凍 2 ステップ ）

1 流水解凍する

ボウルなどの容器にポリ袋を入れ、シンクの中で流水をあて続けて解凍します。食材の大きさや厚さにもよりますが、おおむね20～30分程度で解凍が完了します。

2 電子レンジで加熱する

温めて食べたい料理の場合は、流水解凍したあとに電子レンジで加熱します。ポリ袋の口を開き、耐熱容器にのせて温めましょう。盛り付ける際、ポリ袋が熱くなっているので注意してください。

お出かけ前に冷蔵庫へ移す方法も

朝のお出かけ前に、凍ったポリ袋を冷蔵庫に移しておけば、夕食の時間には解凍されています。食事の6～8時間前に冷蔵庫に入れておくことが必要です。

ワンポイント

水分の多い野菜は冷凍に不向き

水分の多い野菜は、冷凍すると食感が悪くなり、おいしくなくなってしまいます。代表的なのは大根、じゃがいも、レタス、キャベツ、きゅうりです。水分の多い野菜を冷凍すると、中の水分が凍って組織を壊します。解凍したときに壊れた組織から水分が抜け出て、食感が悪くなってしまうのが原因です。本書で紹介しているレシピの中にも、これらの野菜を使ったメニューがありますが、冷凍に不向きなものは冷凍での保存期間を記載していません。

主材料別索引

> 冷蔵庫にある食材で何か作りたいときに、材料からメニューを選べる索引です

肉、肉加工品

- **ウインナーソーセージ**
  - ポトフ ……… 48

- **牛肉**
  - 牛すね肉の韓国風煮込み ……… 34
  - 牛肉のキムチ煮 ……… 63
  - 牛ステーキ ……… 76
  - 肉じゃが ……… 60
  - ハッシュドビーフ ……… 54
  - ローストビーフ ……… 22

- **豚肉**
  - 厚揚げのそぼろ煮 ……… 55
  - スペアリブのマーマレード煮 ……… 32
  - 豚肉のオレンジ煮 ……… 50
  - 豚の黒糖角煮 ……… 30
  - 豚肉のすっぱ煮 ……… 24
  - 豚ロースのカレーソテー ……… 79
  - 豚ロースのガーリックマスタードソース煮 ……… 31

- **鶏肉**
  - 鶏手羽先のコンフィ ……… 29
  - 鶏のコーンクリーム煮 ……… 28
  - 鶏肉とエリンギのレモン煮 ……… 57
  - 鶏ハム ……… 26
  - 鶏もも肉とカラフル豆のトマト煮 ……… 69
  - レバーの甘辛煮 ……… 34

- **羊肉**
  - ラム肉の赤ワインソース煮 ……… 33

- **ベーコン**
  - きのこのベーコン煮 ……… 57
  - ジャーマンポテト ……… 42

魚介、魚介加工品

- **キンメダイ**
  - キンメダイの煮つけ ……… 40

- **鮭**
  - サーモンマリネ ……… 78
  - 鮭のレモン煮 ……… 37

- **サバ**
  - サバと黒オリーブのトマト煮 ……… 39
  - サバのみそ煮 ……… 36

- **サンマ**
  - おからとサンマ缶の煮もの ……… 64

- **タラ**
  - ギンダラのしょうが煮 ……… 41
  - タラのカレー煮 ……… 68

- **ブリ**
  - 韓国風ブリ大根 ……… 61

- **マグロ**
  - カジキマグロのバターじょうゆ焼き ……… 38

- **イカ**
  - イカの中華煮 ……… 80

- **エビ**
  - エビのポン酢マリネ ……… 74

- **さつま揚げ**
  - 五目うま煮 ……… 65

- **ちくわ**
  - おでん ……… 62

野菜、野菜加工品

- **いも**
  - さつまいものレモン煮 ……… 42
  - 里いもの柚子風味煮 ……… 64
  - ジャーマンポテト ……… 42
  - 肉じゃが ……… 60

- **かぼちゃ**
  - かぼちゃのレーズン煮 ……… 56

- **キャベツ**
  - 豚ロースのカレーソテー ……… 79
  - ポトフ ……… 48

- **さやえんどう**
  - 肉じゃが ……… 60
  - 五目うま煮 ……… 65

- **ズッキーニ**
  - カポナータ ……… 52

- **セロリ**
  - ポトフ ……… 48

- **大根**
  - おでん ……… 62
  - 韓国風ブリ大根 ……… 61
  - 切り干し大根の煮もの ……… 65

- **たけのこ**
  - 五目うま煮 ……… 65
  - 豚肉のすっぱ煮 ……… 24

- **玉ねぎ**
  - カポナータ ………………………………… 52
  - 牛肉のキムチ煮 …………………………… 63
  - ジャーマンポテト ………………………… 42
  - タラのカレー煮 …………………………… 68
  - 鶏のコーンクリーム煮 …………………… 28
  - 鶏もも肉とカラフル豆のトマト煮 ……… 69
  - 肉じゃが …………………………………… 60
  - ハッシュドビーフ ………………………… 54
  - ポトフ ……………………………………… 48

- **トマト**
  - カポナータ ………………………………… 52
  - サバと黒オリーブのトマト煮 …………… 39
  - 鶏もも肉とカラフル豆のトマト煮 ……… 69
  - ハッシュドビーフ ………………………… 54

- **なす**
  - カポナータ ………………………………… 52

- **にんじん**
  - 切り干し大根の煮もの …………………… 65
  - 五目うま煮 ………………………………… 65
  - 肉じゃが …………………………………… 60
  - にんじんのグラッセ ……………………… 56

- **白菜**
  - 牛肉のキムチ煮 …………………………… 63

- **パプリカ**
  - 厚揚げのそぼろ煮 ………………………… 55
  - カポナータ ………………………………… 52
  - 豚肉のすっぱ煮 …………………………… 24

- **ピーマン**
  - 豚肉のすっぱ煮 …………………………… 24

- **しらたき**
  - 肉じゃが …………………………………… 60

海藻類

- **昆布**
  - おでん ……………………………………… 62

きのこ類

- **エリンギ**
  - きのこのベーコン煮 ……………………… 57
  - タラのカレー煮 …………………………… 68
  - 鶏肉とエリンギのレモン煮 ……………… 57

- **しいたけ**
  - きのこのベーコン煮 ……………………… 57
  - 切り干し大根の煮もの …………………… 65
  - 五目うま煮 ………………………………… 65
  - 豚肉のすっぱ煮 …………………………… 24

- **しめじ**
  - きのこのベーコン煮 ……………………… 57
  - タラのカレー煮 …………………………… 68

豆、卵類

- **油揚げ**
  - 厚揚げのそぼろ煮 ………………………… 55
  - 切り干し大根の煮もの …………………… 65

- **おから**
  - おからとサンマ缶の煮もの ……………… 64

- **たまご**
  - おでん ……………………………………… 62

- **ミックスビーンズ**
  - 鶏もも肉とカラフル豆のトマト煮 ……… 69

穀物

- **米**
  - 甘酒 ………………………………………… 44
  - ハッシュドビーフ ………………………… 54

フルーツ

- **いちご**
  - いちごのコンポート ……………………… 86

- **キウイ**
  - キウイのコンポート ……………………… 90

- **パイナップル**
  - フルーツミックスコンポート …………… 88

- **ぶどう**
  - フルーツミックスコンポート …………… 88

- **りんご**
  - りんごのハイビスカスティー煮 ………… 90

若宮 寿子 Wakamiya Hisako

栄養士。日本栄養士会認定食物アレルギー栄養士。日本フードコーディネータ協会委員。米国（NSF）HACCP コーディネーター。フードコンシャスネス・インストラクター。8年間企業の栄養指導・給食管理を行い、東京都知事より栄養改善の表彰を受ける。退職後、若宮ヘルシー料理教室を主宰。テレビ、雑誌などメディアを通じ幅広い世代に向け「健康」と「味わい」を意識したレシピを提案している。

STAFF

撮影	三輪有紀（スタジオダンク）
スタイリング	木村遥
料理アシスタント	辻紀子、中村涼子、庄司好美、三宅尚子
栄養計算	嶋田雅子
デザイン	鄭ジェイン（スタジオダンク）
企画	櫻田浩子
編集	宮澤真梨（スタジオダンク）

材料提供
株式会社オカフーズ　https://okafoods.jp/
生魚の骨を取り除いた冷凍パックをインターネット販売しています。
ポリ袋に穴を開けずに調理できて便利です。

放っておくだけ！ 衛生的で栄養を逃さずおいしく作れる調理法

ポリ袋でかんたん低温真空調理 NDC596

2019年9月23日　発 行

著　者	若宮寿子
発行者	小川雄一
発行所	株式会社 誠文堂新光社
	〒113-0033　東京都文京区本郷 3-3-11
	（編集）電話 03-5805-7285
	（販売）電話 03-5800-5780
	http://www.seibundo-shinkosha.net/
印刷・製本	図書印刷 株式会社

©2019,Hisako Wakamiya.
Printed in Japan

検印省略

万一落丁、乱丁本の場合は、お取り替えいたします。本書掲載記事の無断転用を禁じます。また、本書に掲載された記事の著作権は著者に帰属します。これらを無断で使用し、展示・販売・レンタル・講習会等を行うことを禁じます。

本書のコピー、スキャン、デジタル化等の無断複製は、著作権法上での例外を除き、禁じられています。本書を代行業者等の第三者に依頼してスキャンやデジタル化することは、たとえ個人や家庭内での利用であっても、著作権法上認められません。

JCOPY ＜（一社）出版者著作権管理機構 委託出版物＞
本書を無断で複製複写（コピー）することは、著作権法上での例外を除き、禁じられています。本書をコピーされる場合は、そのつど事前に、（一社）出版者著作権管理機構（電話 03-5244-5088 ／ FAX 03-5244-5089 ／ e-mail:info@jcopy.or.jp）の許諾を得てください。

ISBN978-4-416-71907-7